HANADEKA CLUB®
BY YONEO MORITA

Amigos de los Animales

¡**E**ste libro está lleno de los animales más simpáticos! Acércate y abraza a perritos, gatitos, conejitos y otras mascotas. Pasa la página y conócelos.

Maine Coon

DATOS

Peso: de 9 a 18 libras
(de 4 a 8 kilos)

Los gatitos Maine Coon vienen en muchos colores y dibujos.

¡**H**ola! Yo soy un gatito Maine Coon. Me gusta vivir en ambientes fríos. Mi pelusa es gruesa. Mi cola es larga y peluda. Yo tengo pelusa en mis orejas para mantenerlas calientes.
A nosotros los gatitos Maine Coon nos encanta tú compañía. Nos llevamos bien con otros gatos. ¡Hasta nos gustan los perros!

Los gatitos Maine Coon son los gatos del estado de Maine.

3

Hurón

- Tamaño: de 18 a 24 pulgadas (de 46 a 61 centímetros)
- Peso: de 1 a 6 libras (de 1 a 3 kilos)

Los Hurones son **nocturnos** (dilo así: noc-tur-nos). Esto quiere decir que son más activos de noche.

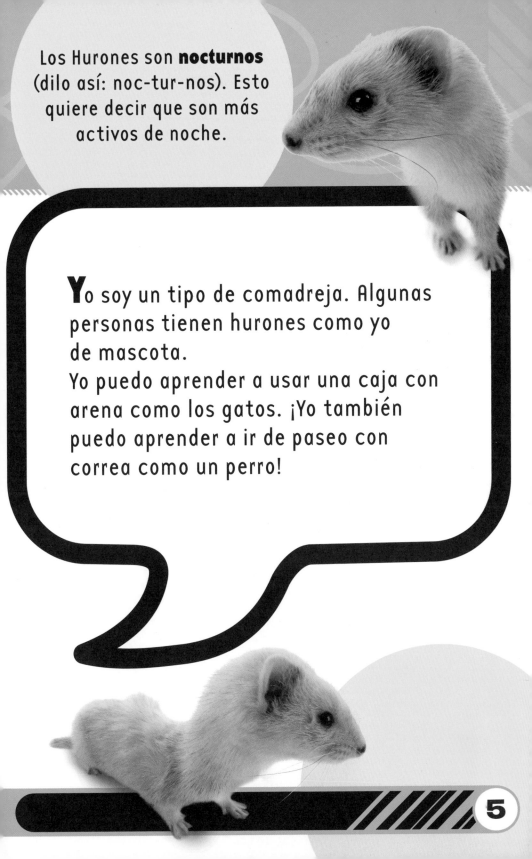

Yo soy un tipo de comadreja. Algunas personas tienen hurones como yo de mascota.
Yo puedo aprender a usar una caja con arena como los gatos. ¡Yo también puedo aprender a ir de paseo con correa como un perro!

Shih Tzu

- Tamaño: de 8 a 11 pulgadas (de 20 a 28 centímetros)
- Peso: de 9 a 16 libras (de 4 a 7 kilos)

El nombre Shih Tzu quiere decir "León".

¡**H**ola! Yo soy un Shih Tzu. Di mi nombre así: Shid-zu.
Yo soy amistoso y dulce. A mí me gusta estar con gente. Tengo mucha energía y me gusta jugar. ¿Tienes una pelota que pueda perseguir?

Los Shih Tzus vienen de la China.

Conejo

DATOS

- Tamaño: de 7 a 19 pulgadas (de 18 a 48 centímetros)
- Peso: de 2 a 3 libras (1 kilo)

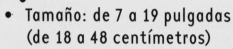

Los conejos viven en una **madriguera**. Estos son huecos o túneles bajo tierra.

Yo soy un conejito, un conejo bebe. Mi pelo es largo y suave. Puede ser marrón, blanco, gris, negro o tener franjas. Mis orejas son largas y me ayudan a oír animales que les gusta perseguirme.

Yo soy muy curioso. ¿Qué es eso por allá?

Los dientes de un conejo nunca dejan de crecer.

Jack Russell Terrier

- Tamaño: de 10 a 15 pulgadas (de 25 a 38 centímetros)
- Peso: de 14 a 18 libras (de 6 a 8 kilos)

Los Jack Russell Terriers son perros de caza.

¡A los Jack Russell Terriers como yo nos gusta divertirnos! Me pueden entrenar para hacer trucos. Ladrar y abrir huecos son cosas que hago muy bien.
Yo también necesito mucho ejercicio.
¿Sabías que yo puedo saltar y trepar?

Los Jack Russell Terriers pueden vivir 15 años o más.

Bulldog Francés

- Tamaño: de 11 a 13 pulgadas (de 28 a 33 centímetros)
- Peso: 18 a 28 libras (de 8 a 13 kilos)

Los Bulldogs Franceses también son llamados "Francesitos".

¡**H**ola! Yo soy un bulldog Francés. Soy muy juguetón y amoroso. Me gusta que me hagas mucho caso. A nosotros los Francesitos nos gusta hacer el payaso. A mí realmente me gustan mis amigos humanos. ¡Por favor no me dejen sólo mucho tiempo!

Los Francesitos son fáciles de entrenar. Son inteligentes y aprenden rápido.

Hámster

- Tamaño: de 2 a 13 pulgadas (de 5 a 34 centímetros)
- Peso: de 3 a 4 onzas (de 85 a 113 gramos)

Los Hámsters comen alimentos como fruta, nueces y cerezas.

¡**G**usto de conocerte! Soy un Hámster. Tengo grandes bolsas en mis cachetes donde almaceno comida. Luego, la llevo a casa para poderla comer más tarde.

Yo soy un **roedor**. Esto quiere decir que mis dientes crecen todo el tiempo. ¡Yo tengo que masticar cosas duras para que mis dientes no crezcan muy largos!

La mayoría de Hámsters tienen el pelo blanco, negro, marrón, gris, amarillo o rojo.

Abyssinian

- Tamaño: de mediano a grande
- Peso: de 8 a 17 libras (de 4 a 8 kilogramos)

Los Abyssinians son una de las razas de gato más antiguas.

¡**H**ola! Soy un Abyssinian. Di mi nombre así: a-bi-ssi-nian.
Yo soy un gato leal e inteligente. Me gusta pasar largos ratos con mis amigos los humanos. También me la paso bien con otros gatos. ¡Me gusta jugar!

A estos gatos también se les llama "Abys".

Cerdo

- Tamaño: de 35 a 71 pulgadas (de 89 a 180 centímetros), dependiendo de la especie.
- Peso: de 110 a 770 libras (de 50 a 350 kilos), dependiendo de la especie.

Nuestra piel
se puede
quemar al sol.

¡Oink, oink! Soy un cerdito, soy un
cerdo bebé. Los Cerdos se encuentran
en casi todo el mundo. A mucha gente
le gusta tener cerdos como yo en
granjas y como mascota.
Revolcarme sobre el fango me ayuda
a mantenerme más fresco. Yo soy uno
de los animales más inteligentes. ¡Yo
hasta puedo hacer trucos!

Los cerdos viven
de 9 a 15 años.

Pudel

- Tamaño: de 10 a 27 pulgadas (de 25 a 69 centímetros)
- Peso: 6 a 70 libras (de 3 a 32 kilos)

Los pudels son
muy inteligentes.

¡**H**ola! Soy un pudel. Me gusta el agua y soy buen nadador. Los perros como yo tienen pelo, no pelusa.
Hay tres tipos de pudels: grande, mediano y miniatura. Todos tenemos diferentes medidas. ¡Pero a todos nos gusta divertirnos!

Estos perros
necesitan mucho
amor de sus amigos
los humanos.

Chipmunk

DATOS

- Tamaño: de 7 a 12 pulgadas (de 18 a 30 centímetros) incluyendo la cola
- Peso: de 1 a 5 onzas (de 28 a 142 gramos)

Las ardillas terrícolas tienen bolsas en los cachetes. Las usan para llevar comida.

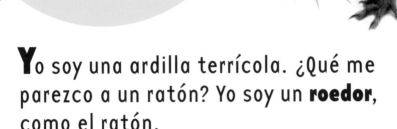

Yo soy una ardilla terrícola. ¿Qué me parezco a un ratón? Yo soy un **roedor**, como el ratón.

Yo vivo en una "casa" bajo tierra llamada madriguera. Mi madriguera tiene "cuartos" y muchos pasillos largos. Allí guardo comida para los largos meses de invierno. ¡Brrr!

¡La **madriguera** de la ardilla terrícola puede medir más de 11 pies (4 metros) de largo!

Welsh Corgi

- Tamaño: de 10 a 12 pulgadas
  (de 25 a 30 centímetros)
- Peso: de 25 a 30 libras
  (de 11 a 14 kilos)

Los Welsh Corgis se usaban para conducir un **rebaño** de ovejas, caballos o ganado.

Soy un Welsh Corgi. Di mi nombre así: welsh cor-gi.
Tengo patas cortas, pero salto bien. Me gusta correr y jugar. Soy muy inteligente, leal y oigo bien. ¡También protejo a mis amigos los humanos!

Persa

- Tamaño: de mediano a grande
- Peso: de 10 a 11 libras
  (de 4 a 5 kilos)

¡**A**penas puedes escuchar a los Persa como yo cuando decimos hola! Tengo un miau muy suave. Soy un gato muy tranquilo, dulce y gentil. Tengo un largo manto de pelo que necesita ser peinado todos los días.

Me encanta jugar, pero no me gusta saltar muy alto o trepar. ¡También la paso bien con otros gatos y perros!

Pollo

Tamaño: de 12 a 18 pulgadas
(de 30 a 46 centímetros)

¡Hay más pollos sobre la Tierra que gente!

¡**C**hip, chip! soy un pollito, soy un pollo bebé.
Yo estoy cubierto de suaves y esponjosas plumas amarillas. Mis plumas cambiarán de color cuando envejezca.

A nosotros los pollitos nos gusta picotear todo. ¿Qué es eso allí?

Los pollos hacen diferentes ruidos para hablar entre sí.

Gatos Mixtos

DATOS

Tamaño: Medio

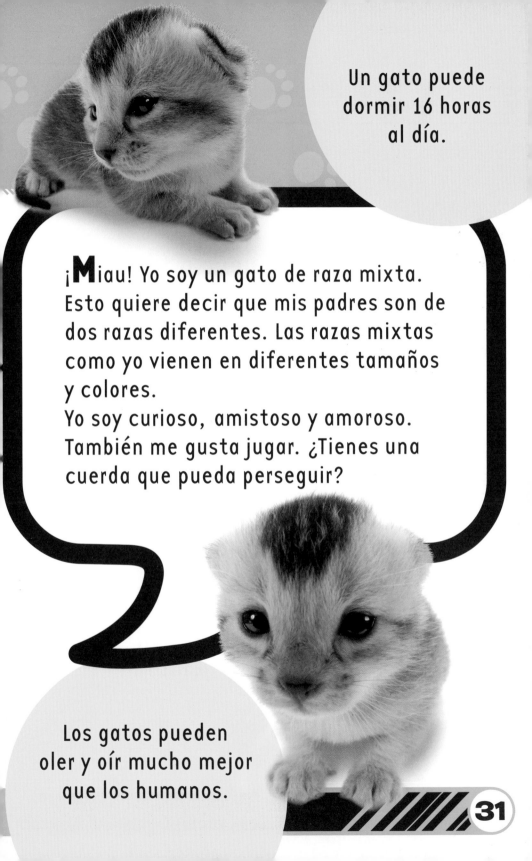

Un gato puede dormir 16 horas al día.

¡**M**iau! Yo soy un gato de raza mixta. Esto quiere decir que mis padres son de dos razas diferentes. Las razas mixtas como yo vienen en diferentes tamaños y colores.

Yo soy curioso, amistoso y amoroso. También me gusta jugar. ¿Tienes una cuerda que pueda perseguir?

Los gatos pueden oler y oír mucho mejor que los humanos.

Glosario

Madriguera: es un hueco o túnel escarbado bajo tierra por un animal

Rebaño: juntarse en grupo (grupo de animals juntos)

Raza mixta: un animal con padres de dos diferentes razas

Nocturno: activo de noche

Roedor: un pequeño mamífero con dientes largos que crecen constantemente y que usan para masticar